Gozo extendido

Gozo

Compartido

Dolores Vélez Jiménez

Copyright © 2022 Dolores Vélez Jiménez

Todos los derechos reservados

Prefacio

Querido lector:

Quisiera mostrarte por medio de este libro, lo que causo un sueño profético.

Digo profético, porque se cumplió en mi vida.

La palabra profética debe edificar, exhortar y consolar.

Si la profecía no tiene estos tres elementos no es verdadera.

Este sueño profético me edificó, exhortó y consoló. Es por eso, que decidí compartir esta verdad que ha marcado mi vida para bendición.

Te invito a que juntos veamos lo que mi amado Señor Jesús me tenía reservado.

Dedicatoria

Este libro se lo dedico al Padre, hijo y al espíritu santo y muy especialmente a mi madre, pues ella fue el vehículo que el Señor usó para llevarme a una realidad tan profunda con el libro de Filipenses, La "epístola del gozo".

A los pastores Dina y Luis Feliz.

Capítulo 1

Cristo llega a mi vida

Mi alma estaba muy triste hasta la muerte, en soledad, hostigada, humillada.

Sin saber qué hacer, con mucha gente a mi alrededor, pero completamente sola.

Preguntas y más preguntas.

De dolor en dolor, sin esperanza, a punto de la locura, de llegar a perder el control de mi vida.

Frustrada de la vida, de la gente, de todos. Fueron años duros y difíciles.

Hasta que llegaste Tú- Jesús- y te sentaste dentro de mí.

Esto me recuerda a Génesis en el principio, cuando el Espíritu de Dios se movía sobre la faz de las aguas; y mi tierra estaba desordenada y vacía y tuviste que ordenar mi vida nuevamente.

Fue un proceso doloroso, tuve que morir, para tomar tu vida, Jesús.

Como el salmista:

Alce los ojos a los montes;

¿De dónde vendrá mi socorro?

Mi socorro viene de Jehová, que hizo los cielos y la tierra. Hija mía, no dará tu pie al resbaladero, ni se dormirá el que te guarda.

Toma mi mano y caminemos juntos.

No te dejare ni te desamparare, siempre estaré contigo, mi espíritu te consolara y te guiara siempre. Entonces me diste cántico nuevo y aprendí a alabarte y a adorarte y me entregue por entero a ti y a tu obra salvadora.

Amigo no puedo desprenderme de mi Jesús.

Estoy tan enamorada del Señor, de su presencia, que nada soy sin Él.

¡Hola!

¿Cómo estás?

Anoche soñé que el Señor Jesús me hablaba y me daba una encomienda.

Me dijo que necesitabas "Gozo".

Pero antes de llevarte el mensaje, pensé que debería ir a una librería y orientarme sobre el tema.

Entre a una librería y me atendió una empleada, a la cual le explique lo que me había sucedido y ella me dijo: *"venga por aquí"*, y me mostró todo el material que tenía con relación a este tema.

No sabía cuál escoger, y dije *"si, escogeré a Filipenses, la epístola del gozo"*.

¿Sabes?

Me sentí muy emocionada, pues yo tenía muy poco tiempo de haber recibido en mi corazón a Jesús, como mi Señor y salvador y el ser ahora portadora de un mensaje del Señor para ti, me llenaba de alegría, pues, tu fuiste la persona que pudo confrontarme y llevarme a entender que mi vida sin Dios no era vida, por eso tome la decisión de entregarle mi vida al Señor, ya que El murió por mí y por la humanidad.

Oye bien lo que Él me dijo:

"Que había puesto una semilla de "Gozo" en ti y que las pruebas, la desilusión, la persecución, el dolor de la incomprensión y la conducta maliciosa que tu observas a tu alrededor, no dejaban que creciera en ti el fruto del espíritu.

Él quiere que tú seas confrontado con esta epístola del *"Gozo"*. Porque largo camino te espera.

¡Gracias!

Por llevar a cabo esta encomienda de parte del señor.

Quiero ver que Él tiene para mí en este libro que hoy me regalas.

El autor de la epístola a los filipenses fue Pablo, el apóstol misionero, cuyo mensaje principal es Jesucristo.

Estuvo presente cuando apedrearon a Esteban. Lucas le dedica los últimos 16 capítulos en el libro de los Hechos de los Apóstoles. A él se le atribuyen trece epístolas del Testamento, quizás haya escrito más.

Era un hombre de gran resistencia, experimentado misionero, en peligros y persecuciones.

Fundó la iglesia de los Filipenses en su segundo viaje misionero, medio de una gran persecución.

Los comienzos de la obra se iniciaron con mujeres.

Se menciona a Lidia, una vendedora de púrpura.

Ella fue la primera convertida, y fíjate, tú fuiste la primera persona que yo lleve al Señor.

Filipenses es una carta de amor espiritual a la Iglesia, escrita por Pablo mientras estaba prisionero.

En ella se resalta la victoria y el amor. A través de esa epístola he aprendido muchas cosas.

Gracias a ella tengo claro el porque era necesario leer el libro que me regalaste.

Ya las páginas amarillas por el tiempo y el uso.

Pero sabes, es ahora que decido escribir sobre esto, pues Él te dio un sueño profético, con un mensaje para mí, y pienso que este se debe compartir.

Al leer esta epístola puedo entender las cosas que me estaban pasando.

 Cosas que antes no entendía por falta de conocimiento de la Palabra.

Pero al pasar el tiempo pude darme cuenta de muchas cosas.

He tenido que pagar un precio para alcanzar el fruto del gozo, he tenido que derramar muchas lágrimas.

Tú recoges mis lágrimas en una redoma y ninguna se perderá.

El *Salmo 56:8* dice:

"Pon mis lágrimas en tu redoma; ¿no están ellas en tu libro?"

En Jesús lo he alcanzado todo, porque fuera de El no quiero nada.

En *Cantares 2:10-12* dice:

"Mi amado hablo, y me dijo: Levántate, oh amiga mía, hermana mía, y ven. Porque he aquí ha pasado el invierno, se ha mudado, la lluvia ya se fue; se han mostrado las flores en la tierra, el tiempo de la canción ha venido, y en nuestro país se ha oído la voz de la tórtola"

Él me ha invitado a tener comunión con El, a dejar atrás la depresión y a abandonar el pecado que me separaba de Él.

Los años malos pasaron.

Las tormentas llegan y se van.

Según llegan las pruebas, así tienen que irse.

Este cambio se basa totalmente en la influencia del Sol de Justicia.

Del Apóstol sigo aprendiendo:

1. Me estimula a ser fiel y a seguir buscando del Señor resucitado.
2. Me lleva de la mano y me conduce al gozo y a comprender la profundidad de Señor Jesucristo.
3. Me invita a entrar en la cámara de oración con el señor para:
    a) orar
    b) interceder por otros

c) buscar la unidad

d) no avergonzarme que me Identifiquen con Jesús

e) ser aconsejada a llevar el fruto del Espíritu, porque contra tales cosas no hay ley. Este fruto del Espíritu es:

1) amor

2) gozo

3) paz

4) paciencia

5) benignidad

6) bondad

7) fe

8) mansedumbre

9) templanza

El gozo es la alegría permanente que todos los miembros del cuerpo de Cristo, la Iglesia, están llamados a experimentar.

No es simplemente una emoción, sino una calidad de vida basada en la eterna y segura relación del Hijo de Dios con su Padre.

Pablo, dice en *Gálatas 6:17*:

"De aquí en adelante nadie me cause molestias; porque yo traigo en mi cuerpo las marcas del Señor Jesús".

Pablo fue un buen siervo de Jesús.

Su encomienda en la tierra era que todos se salven, y que la humanidad reconociera que Jesucristo es el Señor.

Ese también es el deseo de todos los que conocemos a Jesús: *que nadie se pierda.*

Además de apóstol, Pablo fue misionero.

Sabes, nunca pensé que yo también seria misionera, no como el, pues él lo fue a tiempo completo, y yo solamente en los veranos.

Sigo diciendo que tu sueño fue profético, pues sea cumplido en mí.

Esto me recuerda un viaje misionero que hice a Chile Temuco (Pedregoso).

Allí me quede en un hogar donde había ovejas. Mientras dormía, pulgas o garrapatas me picaron, lo cierto es que me marcaron para siempre.

Aquí cito lo que dice mi pastor:

"Tienes en tu cuerpo las señales de lo que significa seguir al Señor".

Quiero aprovechar la oportunidad para enviarles saludos a mis hermanos chilenos, de la Iglesia Shalom, y a la obra que llevan a cabo en Pedregoso al sur de Chile, y al grupo de misioneros que me acompañaron.

Gracias por la experiencia gloriosa que no olvidaremos.

Yo especialmente, quede marcada.

Espero volver a verlos, les amo en el amor de mi Señor. Pedregoso es un lugar precioso, me gustó mucho su gente, la tierra, el agua, pero sobre todo la naturaleza nunca pensé que el Señor me tenía una bendición como es, pero El me conoce.

La música que provenía del rio hizo que me retirara del grupo, pues no era una música como la que conocemos, el toque del agua con las piedras producía un bello sonido musical. La brisa fresca y juguetona hacia que los Álamos (sauces), que rodeaban al rio, batieran sus ramas como una alabanza al que nos creó.

En verdad era un paisaje fuera de este mundo Mientras los que me acompañaban descansaban, yo estaba disfrutando de una visitación de lo Alto, extasiada con el baile de los Álamos y el agua cristalina que se movía con toda libertad, cantando al chocar con las piedras.

Puedes imaginar, tanta belleza y tranquilidad que te hace pensar que estás fuera de este mundo.

En ese momento vino a mi memoria el *Salmo 98:8* que dice:

"Los ríos batan las manos, los montes todos hagan regocijo delante de Jehová, porque vino a juzgar la tierra".

El árbol sin vida no produce frutos.

Y el árbol enfermo no puede producir frutos y si los produce no se pueden comer, porque también están enfermos.

Quiero contarte el siguiente testimonio:

"En la colindancia del lugar donde vivo hay un árbol de aguacate que pertenece al vecino. Este árbol está enfermo, lleno de comején.

Vi su condición y decidí ayudarlo. Mi esposo me oriento sobre lo que debía hacer para ayudarlo (las cosas que debía comprar, etc.)

Hice un hoyo en la parte de mi propiedad cerca del árbol y procedí a fumigarlo.

Ciertamente la primera cosecha se perdió. Muchos de sus frutos se secaron en el árbol, reflejando así su enfermedad.

Pero pasó el tiempo y comencé a observar el cambio que se fue operando en aquel árbol: cambio su follaje y su color y la plaga desapareció.

Mira, tú eres un árbol. Si estas sin vida no puedes producir frutos y si estás enfermo no puedes producir frutos sanos.

Es por eso, que Pablo nos invita a desecar las obras de la carne porque matan y los frutos son malos.

En Gálatas 5:19-21, el apóstol Pablo menciona las obras de la carne, estas son:

1. *Adulterio*
2. *Fornicación*
3. *Inmundicia*
4. *Lascivia*
5. *Idolatría*
6. *Hechicerías*
7. *Enemistades*
8. *Pleito*
9. *Celos*
10. *Iras*
11. *Contiendas*
12. *Disensiones*
13. *Herejías*
14. *Envidias*
15. *Homicidios*
16. *Borracheras*

Y cosas semejantes a estas; acerca de las cuales os amonesto, como ya os lo he dicho antes, que los que practican tales cosas no heredaran el reino de Dios.

Por lo tanto, es mejor el fruto del Espíritu,

1. Amor

2. Gozo

3. Paz

4. Paciencia,

5. Benignidad

6. Bondad

7. Fe,

8. Mansedumbre

9. Templanza

Porque serias un árbol con vida, que produce frutos apetecibles a las vista.

Un árbol lleno de salud produce frutos saludables.

¿Sabes una cosa? Jesús quiere que tú seas ese árbol con frutos buenos y que te dejes comer de otros.

Pero para eso, debes pagar un precio.

En *Gálatas 2:20* dice:

"Con Cristo estoy justamente crucificado, y ya no vivo yo más que vive Cristo en mí; y lo que ahora vivo en la carne, lo vivo en la fe del hijo de Dios, el cual me amó y se entregó por mí".

Por eso puedo exclamar con *"gozo"*, *"vive Cristo en mi"*.

Sabes, esto no se puede comparar con lo que Dios nos tiene reservados para aquellos que han sido lavados con la Sangre de Jesucristo.

Él se fue a preparar morada para nosotros.

El cielo es nuestro destino y siempre estaremos con el Señor.

Capitulo 2
Enseñanzas de Vida

1. Regocijo en la aflicción

a. Tribulación: *Filipenses 4:4*

"Regocijaos en el Señor siempre. Otra vez digo: ¡Regocijaos!"

b. Hambre: *Filipenses 4:11-13*

No lo digo porque tenga escasez, pues he aprendido a contentarme, cualquiera que sea mi situación.

^{12} Sé vivir humildemente y sé tener abundancia; en todo y por todo estoy enseñado, así para estar saciado como para tener hambre, así para tener abundancia como para padecer necesidad.

^{13} Todo lo puedo en Cristo que me fortalece.

C. Persecución *Romanos 8:35*

¿Quién nos separará del amor de Cristo? ¿Tribulación, o angustia, o persecución, o hambre, o desnudez, o peligro, o espada?

D. Encarcelamiento: *Hechos 16:25*

Pero a medianoche, orando Pablo y Silas, cantaban himnos a Dios: y los presos los oían,

E. Pobreza: *2 Corintios 6:10*

"Como entristecidos, mas siempre gozosos: como pobres, más enriqueciendo a muchos: como no teniendo nada, más poseyéndolo todo"

D. Perdida: *Hebreos 10:34*

"Porque de los presos también os compadecisteis, y el despojo de vuestros bienes sufristeis con gozo, sabiendo que tenéis en vosotros una mejor y perdurable herencia en los cielos"

E. Pruebas severas: *1 de Pedro 4:12-13*

"Amados, no os sorprendáis del fuego de prueba que os ha sobrevivido, como si alguna cosa extraña os aconteciese, sino gozaos por cuanto sois partícipes de los padecimientos de Cristo, para que también en la revelación de su gloria os gocéis con gran alegría"

2. Regocijo en el Ministerio

"Y ciertamente, aun estimo todas las cosas como perdida por la excelencia del conocimiento de cristo Jesús, mi Señor, por amor del cual lo he perdido todo, y lo tengo por basura, para ganar a Cristo"
Filipenses 3:8

"Pero de ninguna cosa hago caso, ni estimo preciosa mi vida para mí mismo, con tal que acabe mi carrera con gozo, y el ministerio que recibí de Señor Jesús, para dar testimonio del evangelio de la gracia de Dios"
Hechos 20:24

A. Esforzarse por el premio-
1Corintios 9:24

"¿No sabéis que los que corren en el estadio, todos a la verdad corren, pero uno solo se lleva el Premio? Corred de tal manera que lo obtengáis."

B-Prosiguiendo hacia la meta-

Hebreos 12:1

"Por tanto, nosotros también, teniendo en derredor nuestro tan grande nube de testigos, despojémonos de todo peso y del pecado que nos asedia, y corramos con paciencia la carrera que tenemos por delante."

C- Un buen final

2 Timoteo 4:7

"He peleado la buena batalla, he acabado la carrera, he guardado la fe."

D- El premio Ganado

2 Timoteo 4:8

"Por lo demás, me está reservada la corona de justicia, la cual me dará el Señor, juez justo, en aquel día; y no solo a mí, sino también a todos los que aman su venida."

3- Regocijo en Jesús

Filipenses 4:4

"Regocijaos en el Señor siempre. Otra vez digo: ¡Regocijaos!"

"Pero alégrense todos los que en ti confían; Den voces de júbilo para siempre, porque tú los defiendes; En ti se regocijen los que aman tu nombre."

Salmo 5:11

"Canta, oh hija de Sion; da voces de júbilo, oh Israel; gózate y regocíjate de todo corazón, hija de Jerusalén."

(Sofonías 3:14)

4- Regocijo en Bendiciones

Exhortación

"Lo que aprendisteis y recibisteis y oísteis y visteis en mí, esto haced; y el Dios de paz estará con vosotros."
(Filipenses 4:9)

"En todo os he enseñado que, trabajando así, se debe ayudar a los necesitados, y recordar las palabras del Señor Jesús, que dijo: Más bienaventurado es dar que recibir."
(Hechos 20:35)

"Gozaos con los que gozan; llorarad con los que lloran'.
(Romanos12:15)

"Unánimes entre vosotros; no altivos, sino asociándoos con los humildes. No seáis sabios en vuestra propia opinión"
(Romanos 12:16)

"No paguéis a nadie mal por mal; procurad lo bueno delante de todos los hombres"
(Romanos 12:17)

"Si es posible, en cuanto dependa de vosotros, estad en paz con todos los hombres".
(Romanos 12:18)

"No os venguéis vosotros mismos, amados míos, sino dejad lugar a la ira de Dios; porque escrito está: Mía es la venganza, yo la pagaré, dice el Señor".
(Romanos 12:19)

Así que, si tu enemigo tuviere hambre, dale de comer; si tuviere sed, dale de beber; pues haciendo esto, ascuas de fuego amontonarás sobre su cabeza.
(Romanos 12:20)

No seas vencido de lo malo, sino vence con el bien el mal.
(Romanos 12:21)

Gracia

Mi Dios, pues, suplirá todo lo que os falta conforme a sus riquezas en gloria en Cristo Jesús.

(Filipenses 14:19)

Pero la gracia de nuestro Señor fue más abundante con la fe y el amor que es en Cristo Jesús.

(1 Timoteo 1:14)

"Porque el reino de Dios no es comida ni bebida, sino justicia, paz y gozo en el Espíritu Santo".

(Romanos 14:17)

Gozo Restaurado

Al abrirse la puerta de la Esperanza

"De cierto, de cierto os digo, que vosotros lloraréis y lamentaréis, y el mundo se alegrará; pero aunque vosotros estéis tristes, vuestra tristeza se convertirá en gozo".

(Juan 16:20)

Gozo Espiritual

Las Bendiciones de una vida Espiritual

"En gran manera me gozaré en Jehová, mi alma se alegrará en mi Dios; porque me vistió con vestiduras de salvación, me rodeó de manto de justicia, como a novio me atavió, y como a novia adornada con sus joyas".

(Isaias 61:10)

Deleites en la Palabra

"Fueron halladas tus palabras, y yo las comí; y tu palabra me fue por gozo y por alegría de mi corazón; porque tu nombre se invocó sobre mí, oh Jehová Dios de los ejércitos".
(Jeremías 15:16

De la epístola del gozo, Filipenses, he aprendido mucho.

En mi vida cristiana siempre trato de no olvidar que el gozo es fundamental para moverme con prudencia, tratando así, de no perder un tesoro tan grande que llegó a mí el día en que recibí a Jesucristo como mi Señor Salvador y Rey. Deseo que aquí te detengas y medites por un momento sobre lo siguiente, si todavía no has recibido a Jesucristo como el Señor y Salvador en tu vida.

Dile ahora mismo:

"Jesús, entra en mi vida, perdona mis pecados, dame el gozo de la salvación y escribe mi nombre en el Libro de la Vida".

Nombre: _____

Fecha: _____

Yo sé que Él te dará Su gran tesoro.

Descubrirás cada día las bendiciones que Jesús te ofrece a través de Su Palabra y la comunión diaria con Él y el Espíritu Santo.

Jesús es el regalo de amor que Dios nos dio para siempre. Te aseguro que cuando pruebes el gozo que Él te da, no te faltará nada, porque Él suplirá todo lo que haga falta.

Podrás ascender a las alturas y desde allá arriba verás la diferencia.

Madre mía, no sabes que la encomienda que el Señor te dio para mí, ha marcado mi vida para siempre. Nunca te enteraste de que igual que Pablo, he sido llamada para trabajar en la obra del Señor.

Siento un gran peso sobre mí por las almas, un fuego que me consume y un amor muy fuerte por Jesús, Él es mi vida.

Esto es más fuerte que cualquier sentimiento, no lo puedo explicar. Sólo sé que desde que Él llegó no tengo ojos para otra cosa. Sólo quiero agradarle y amarle.

Madre, no pude decirtelo, pues aunque traté de explicarte, no podías entenderme, ya que la enfermedad había minado tu mente y te fuiste marchitando como una bella flor.

Y tu silencio fue como la lluvia torrencial, profundo, hasta irte sin despedida, dejando atrás una semilla que ha dado fruto.

Te fuiste sin saber que tu sueño profético se hizo realidad en mí. Hoy escribo este libro en tu memoria, dándote las gracias porque me cuidaste y permitiste que yo naciera.

Sabes, siempre repudiaste el aborto, porque amabas la vida. Hoy tú no estás y en tu memoria quiero exhortar a decirle no al aborto.

Por eso, si estás a punto de cometer aborto, detente, recapacita, considera que dentro de ti hay un ser

Madre mía, no sabes que la encomienda que el Señor te dio para mí, ha marcado mi vida para siempre. Nunca te enteraste de que igual que Pablo, he sido llamada para trabajar en la obra del Señor.

Siento un gran peso sobre mí por las almas, un fuego que me consume y un amor muy fuerte por Jesús, Él es mi vida.

Esto es más fuerte que cualquier sentimiento, no lo puedo explicar.

Sólo sé que desde que Él llegó no tengo ojos para otra cosa. Sólo quiero agradarle y amarle.

Madre, no pude decírtelo, pues aunque traté de explicarte, no podías entenderme, ya que la enfermedad había minado tu mente y te fuiste marchitando como una bella flor.

Y tu silencio fue como la lluvia torrencial, profundo, hasta irte sin despedida, dejando atrás una semilla que ha dado fruto.

Te fuiste sin saber que tu sueño profético se hizo realidad en mí.

Hoy escribo este libro en tu memoria, dándote las gracias porque me cuidaste y permitiste que yo naciera.

Sabes, siempre repudiaste el aborto, porque amabas la vida. Hoy tú no estás y en tu memoria quiero exhortar a decirle no al aborto.

Por eso, estás a punto de cometer aborto, detente, si recapacita, considera que dentro de ti hay un ser con vida, no se la quites, permítele vivir.

Un hijo puede ser la diferencia en tu situación.

Y si desgraciadamente ya has cometido el aborto, pídele perdón al Señor y decídete a servirle de todo corazón y Él te llenará de gran gozo.

Sé que en aquel gran día que se acerca y en aquella mañana gloriosa nos encontraremos, no como madre e hija, sino como parte del cuerpo de Cristo.

Mientras tanto, aprovecharé la vida abundante que el Señor me ha dado al mundo, que vale la pena servirle a un Dios lleno para decirle de gozo, porque el gozo del Señor es nuestra fortaleza.

Alabad a Dios en su santuario;

Alabadle en la magnificencia de su firmamento.

Alabadle por sus proezas; Alabadle conforme a la muchedumbre de su grandeza.

Alabadle a son de bocina;

Alabadle con salterio y arpa.

Alabadle con pandero y danza; Alabadle con cuerdas y flautas.

Alabadle con címbalos de júbilo.

Alabadle con címbalos resonantes. Todo lo que respira alabe a JAH. Aleluya.

SALMO 150:1-6

Epílogo

Regocijaos en el Señor siempre, filipenses 4:4, el gozo extendido del Señor está disponible para el ser humano pero este es un gozo que da paz y no como el mundo la da, sino que proviene de Dios y solo El Espíritu Santo puede darte ese gozo. Jesucristo te da la paz no como el mundo la da, Juan 14:27, Paz que satisface tu relación con Dios en un deleite y banquete continuo porque en su presencia hay plenitud de gozo, delicias a su diestra para siempre, (Salmos 16:11) es en tu relación con Dios a través de la palabra de Dios, a través de las promesas de Dios que están plasmada en la Biblia inspirada por el Espíritu Santo, el Señor nos manda a regocijarnos en Cristo y vivir una vida íntegra que produce el estar en paz con los demás seres humanos.

La Biblia lo dice bien claro que cuando nuestros caminos son agradables a Dios aún a nuestros enemigos Dios los hace estar en paz con nosotros. Ese gozo extendido viene de la mano de Jesús y como dice el himno :

Las manos de Jesús son hermosas, esas manos que cargaron la pesada cruz, manos que multiplicaron los peces y el pan, esas manos maravillosas que fueron clavada en la cruz del calvario. Y que dijeron consumado es para que de esa forma nosotros podamos alcanzar misericordia en el oportuno socorro.

Nosotros tenemos gozo en el medio de la tormenta por qué el gozo del cristiano es ese gozo extendido del que habla este maravilloso libro.

Tiene que ver con gozo y una paz que es ausente de qué si estoy bien o si estoy pasándola mal, es un gozo en medio de la turbulencia, porque el Señor se lo dijo a sus discípulos y lo dice en la palabra en el libro de Juan donde dice qué en el mundo tendremos aflicciones pero confiad yo he vencido al mundo dice el Señor Jesucristo (Juan 16:33) y eso significa de qué él no nos va a dejar nunca, yo no los dejaré le dijo el Señor a sus discípulos (Juan 14:18) y nos lo dice hoy en día a nosotros a través de su palabra.

Mantengamos el gozo y mantengamos esa palabra que el apóstol Pablo le dice a los filipenses diciéndole regocijaos, regocijaos siempre (Filipenses 4:4) no un momento y otro no.

No cuando tengamos algo en la alacena y en la mesa si no siempre en salud y enfermedad como lo dice el libro de Habacuc aunque la higuera no florezca aunque en las Vides no haya fruto ni las Majadas den mantenimiento con todo yo me alegrare en el Dios de mi salvación. (Habacuc 3:17-18)

Así que ese gozo extendido está disponible para ti a través de las promesas de Dios en sus palabras porque son todas fiel y como le dijo Josué al pueblo de Israel que ninguna de la palabra que Dios le dio a su pueblo nunca faltó sino que todas se cumplieron.

Así es el gozo.

Se va formando a través del dolor y las pruebas.

Como el proceso de metamorfosis que va ocurriendo en la crisálida hasta transformarse en una hermosa mariposa que produce gozo al que la ve.

El Salmo 40:8 dice:

"El hacer Tu voluntad, Dios mío, me ha agradado, y tu ley está en medio de mi corazón".

Made in the USA
Middletown, DE
23 October 2022